This book belongs to:

_____

_____

_____

Copyright ©2019 LDH Enterprise, LLC
All Rights Reserved.

No part of this publication may be reproduced, stored in a retrieval system, or transmitted in any form or by any means, electronic, mechanical, photocopying, recording or otherwise, without the prior written consent of the publisher.

Month: _____

SUNDAY	MONDAY	TUESDAY	WEDNESDAY

THURSDAY	FRIDAY	SATURDAY	NOTES

Week of:_____

	✓	MONDAY	TUESDAY	WEDNESDAY	THURSDAY
8 :00 / :15 / :30 / :45					
9 :00 / :15 / :30 / :45					
10 :00 / :15 / :30 / :45					
11 :00 / :15 / :30 / :45					
12 :00 / :15 / :30 / :45					
1 :00 / :15 / :30 / :45					
2 :00 / :15 / :30 / :45					
3 :00 / :15 / :30 / :45					
4 :00 / :15 / :30 / :45					
5 :00 / :15 / :30 / :45					
6 :00 / :15 / :30 / :45					
7 :00 / :15 / :30 / :45					
8 :00 / :15 / :30 / :45					

		FRIDAY
8	:00 :15 :30 :45	
9	:00 :15 :30 :45	
10	:00 :15 :30 :45	
11	:00 :15 :30 :45	
12	:00 :15 :30 :45	
1	:00 :15 :30 :45	
2	:00 :15 :30 :45	
3	:00 :15 :30 :45	
4	:00 :15 :30 :45	
5	:00 :15 :30 :45	
6	:00 :15 :30 :45	
7	:00 :15 :30 :45	
8	:00 :15 :30 :45	

	SATURDAY	SUNDAY
8		
9		
10		
11		
12		
1		
2		
3		
4		
5		

TASKS

NOTES

MISC

Week of:_____

	✓	MONDAY	TUESDAY	WEDNESDAY	THURSDAY
8 :00 :15 :30 :45					
9 :00 :15 :30 :45					
10 :00 :15 :30 :45					
11 :00 :15 :30 :45					
12 :00 :15 :30 :45					
1 :00 :15 :30 :45					
2 :00 :15 :30 :45					
3 :00 :15 :30 :45					
4 :00 :15 :30 :45					
5 :00 :15 :30 :45					
6 :00 :15 :30 :45					
7 :00 :15 :30 :45					
8 :00 :15 :30 :45					

		FRIDAY
8	:00	
	:15	
	:30	
	:45	
9	:00	
	:15	
	:30	
	:45	
10	:00	
	:15	
	:30	
	:45	
11	:00	
	:15	
	:30	
	:45	
12	:00	
	:15	
	:30	
	:45	
1	:00	
	:15	
	:30	
	:45	
2	:00	
	:15	
	:30	
	:45	
3	:00	
	:15	
	:30	
	:45	
4	:00	
	:15	
	:30	
	:45	
5	:00	
	:15	
	:30	
	:45	
6	:00	
	:15	
	:30	
	:45	
7	:00	
	:15	
	:30	
	:45	
8	:00	
	:15	
	:30	
	:45	

	SATURDAY	SUNDAY
8		
9		
10		
11		
12		
1		
2		
3		
4		
5		

TASKS

NOTES

MISC

Week of: _____

	✓	MONDAY	TUESDAY	WEDNESDAY	THURSDAY
8 :00 :15 :30 :45					
9 :00 :15 :30 :45					
10 :00 :15 :30 :45					
11 :00 :15 :30 :45					
12 :00 :15 :30 :45					
1 :00 :15 :30 :45					
2 :00 :15 :30 :45					
3 :00 :15 :30 :45					
4 :00 :15 :30 :45					
5 :00 :15 :30 :45					
6 :00 :15 :30 :45					
7 :00 :15 :30 :45					
8 :00 :15 :30 :45					

		FRIDAY
8	:00 :15 :30 :45	
9	:00 :15 :30 :45	
10	:00 :15 :30 :45	
11	:00 :15 :30 :45	
12	:00 :15 :30 :45	
1	:00 :15 :30 :45	
2	:00 :15 :30 :45	
3	:00 :15 :30 :45	
4	:00 :15 :30 :45	
5	:00 :15 :30 :45	
6	:00 :15 :30 :45	
7	:00 :15 :30 :45	
8	:00 :15 :30 :45	

	SATURDAY	SUNDAY
8		
9		
10		
11		
12		
1		
2		
3		
4		
5		

TASKS

NOTES

MISC

Week of:_____

	✓	MONDAY	TUESDAY	WEDNESDAY	THURSDAY
8 :00 :15 :30 :45					
9 :00 :15 :30 :45					
10 :00 :15 :30 :45					
11 :00 :15 :30 :45					
12 :00 :15 :30 :45					
1 :00 :15 :30 :45					
2 :00 :15 :30 :45					
3 :00 :15 :30 :45					
4 :00 :15 :30 :45					
5 :00 :15 :30 :45					
6 :00 :15 :30 :45					
7 :00 :15 :30 :45					
8 :00 :15 :30 :45					

		FRIDAY
8	:00	
	:15	
	:30	
	:45	
9	:00	
	:15	
	:30	
	:45	
10	:00	
	:15	
	:30	
	:45	
11	:00	
	:15	
	:30	
	:45	
12	:00	
	:15	
	:30	
	:45	
1	:00	
	:15	
	:30	
	:45	
2	:00	
	:15	
	:30	
	:45	
3	:00	
	:15	
	:30	
	:45	
4	:00	
	:15	
	:30	
	:45	
5	:00	
	:15	
	:30	
	:45	
6	:00	
	:15	
	:30	
	:45	
7	:00	
	:15	
	:30	
	:45	
8	:00	
	:15	
	:30	
	:45	

	SATURDAY	SUNDAY
8		
9		
10		
11		
12		
1		
2		
3		
4		
5		

TASKS

NOTES

MISC

Week of:_____

	✓	MONDAY	TUESDAY	WEDNESDAY	THURSDAY
8 :00 :15 :30 :45					
9 :00 :15 :30 :45					
10 :00 :15 :30 :45					
11 :00 :15 :30 :45					
12 :00 :15 :30 :45					
1 :00 :15 :30 :45					
2 :00 :15 :30 :45					
3 :00 :15 :30 :45					
4 :00 :15 :30 :45					
5 :00 :15 :30 :45					
6 :00 :15 :30 :45					
7 :00 :15 :30 :45					
8 :00 :15 :30 :45					

		FRIDAY
8	:00 :15 :30 :45	
9	:00 :15 :30 :45	
10	:00 :15 :30 :45	
11	:00 :15 :30 :45	
12	:00 :15 :30 :45	
1	:00 :15 :30 :45	
2	:00 :15 :30 :45	
3	:00 :15 :30 :45	
4	:00 :15 :30 :45	
5	:00 :15 :30 :45	
6	:00 :15 :30 :45	
7	:00 :15 :30 :45	
8	:00 :15 :30 :45	

	SATURDAY	SUNDAY
8		
9		
10		
11		
12		
1		
2		
3		
4		
5		

TASKS

NOTES

MISC

Month:_____

SUNDAY	MONDAY	TUESDAY	WEDNESDAY

THURSDAY	FRIDAY	SATURDAY	NOTES

Week of:_____

		MONDAY	TUESDAY	WEDNESDAY	THURSDAY
8	:00 / :15 / :30 / :45				
9	:00 / :15 / :30 / :45				
10	:00 / :15 / :30 / :45				
11	:00 / :15 / :30 / :45				
12	:00 / :15 / :30 / :45				
1	:00 / :15 / :30 / :45				
2	:00 / :15 / :30 / :45				
3	:00 / :15 / :30 / :45				
4	:00 / :15 / :30 / :45				
5	:00 / :15 / :30 / :45				
6	:00 / :15 / :30 / :45				
7	:00 / :15 / :30 / :45				
8	:00 / :15 / :30 / :45				

		FRIDAY
8	:00 :15 :30 :45	
9	:00 :15 :30 :45	
10	:00 :15 :30 :45	
11	:00 :15 :30 :45	
12	:00 :15 :30 :45	
1	:00 :15 :30 :45	
2	:00 :15 :30 :45	
3	:00 :15 :30 :45	
4	:00 :15 :30 :45	
5	:00 :15 :30 :45	
6	:00 :15 :30 :45	
7	:00 :15 :30 :45	
8	:00 :15 :30 :45	

	SATURDAY	SUNDAY
8		
9		
10		
11		
12		
1		
2		
3		
4		
5		

TASKS

NOTES

MISC

Week of:_____

		✓	MONDAY	TUESDAY	WEDNESDAY	THURSDAY
8	:00 :15 :30 :45					
9	:00 :15 :30 :45					
10	:00 :15 :30 :45					
11	:00 :15 :30 :45					
12	:00 :15 :30 :45					
1	:00 :15 :30 :45					
2	:00 :15 :30 :45					
3	:00 :15 :30 :45					
4	:00 :15 :30 :45					
5	:00 :15 :30 :45					
6	:00 :15 :30 :45					
7	:00 :15 :30 :45					
8	:00 :15 :30 :45					

		FRIDAY
8	:00	
	:15	
	:30	
	:45	
9	:00	
	:15	
	:30	
	:45	
10	:00	
	:15	
	:30	
	:45	
11	:00	
	:15	
	:30	
	:45	
12	:00	
	:15	
	:30	
	:45	
1	:00	
	:15	
	:30	
	:45	
2	:00	
	:15	
	:30	
	:45	
3	:00	
	:15	
	:30	
	:45	
4	:00	
	:15	
	:30	
	:45	
5	:00	
	:15	
	:30	
	:45	
6	:00	
	:15	
	:30	
	:45	
7	:00	
	:15	
	:30	
	:45	
8	:00	
	:15	
	:30	
	:45	

	SATURDAY	SUNDAY
8		
9		
10		
11		
12		
1		
2		
3		
4		
5		

TASKS

NOTES

MISC

Week of:_____

	✓	MONDAY	TUESDAY	WEDNESDAY	THURSDAY
8	:00 :15 :30 :45				
9	:00 :15 :30 :45				
10	:00 :15 :30 :45				
11	:00 :15 :30 :45				
12	:00 :15 :30 :45				
1	:00 :15 :30 :45				
2	:00 :15 :30 :45				
3	:00 :15 :30 :45				
4	:00 :15 :30 :45				
5	:00 :15 :30 :45				
6	:00 :15 :30 :45				
7	:00 :15 :30 :45				
8	:00 :15 :30 :45				

		FRIDAY
8	:00 :15 :30 :45	
9	:00 :15 :30 :45	
10	:00 :15 :30 :45	
11	:00 :15 :30 :45	
12	:00 :15 :30 :45	
1	:00 :15 :30 :45	
2	:00 :15 :30 :45	
3	:00 :15 :30 :45	
4	:00 :15 :30 :45	
5	:00 :15 :30 :45	
6	:00 :15 :30 :45	
7	:00 :15 :30 :45	
8	:00 :15 :30 :45	

	SATURDAY	SUNDAY
8		
9		
10		
11		
12		
1		
2		
3		
4		
5		

TASKS

NOTES

MISC

Week of:_____

	✓	MONDAY	TUESDAY	WEDNESDAY	THURSDAY
8 :00 :15 :30 :45					
9 :00 :15 :30 :45					
10 :00 :15 :30 :45					
11 :00 :15 :30 :45					
12 :00 :15 :30 :45					
1 :00 :15 :30 :45					
2 :00 :15 :30 :45					
3 :00 :15 :30 :45					
4 :00 :15 :30 :45					
5 :00 :15 :30 :45					
6 :00 :15 :30 :45					
7 :00 :15 :30 :45					
8 :00 :15 :30 :45					

		FRIDAY
8	:00 :15 :30 :45	
9	:00 :15 :30 :45	
10	:00 :15 :30 :45	
11	:00 :15 :30 :45	
12	:00 :15 :30 :45	
1	:00 :15 :30 :45	
2	:00 :15 :30 :45	
3	:00 :15 :30 :45	
4	:00 :15 :30 :45	
5	:00 :15 :30 :45	
6	:00 :15 :30 :45	
7	:00 :15 :30 :45	
8	:00 :15 :30 :45	

		SATURDAY	SUNDAY
8			
9			
10			
11			
12			
1			
2			
3			
4			
5			

TASKS

NOTES

MISC

Month: _____

SUNDAY	MONDAY	TUESDAY	WEDNESDAY

THURSDAY	FRIDAY	SATURDAY	NOTES

Week of:_____

	✓	MONDAY	TUESDAY	WEDNESDAY	THURSDAY
8 :00 :15 :30 :45					
9 :00 :15 :30 :45					
10 :00 :15 :30 :45					
11 :00 :15 :30 :45					
12 :00 :15 :30 :45					
1 :00 :15 :30 :45					
2 :00 :15 :30 :45					
3 :00 :15 :30 :45					
4 :00 :15 :30 :45					
5 :00 :15 :30 :45					
6 :00 :15 :30 :45					
7 :00 :15 :30 :45					
8 :00 :15 :30 :45					

		FRIDAY
8	:00 :15 :30 :45	
9	:00 :15 :30 :45	
10	:00 :15 :30 :45	
11	:00 :15 :30 :45	
12	:00 :15 :30 :45	
1	:00 :15 :30 :45	
2	:00 :15 :30 :45	
3	:00 :15 :30 :45	
4	:00 :15 :30 :45	
5	:00 :15 :30 :45	
6	:00 :15 :30 :45	
7	:00 :15 :30 :45	
8	:00 :15 :30 :45	

	SATURDAY	SUNDAY
8		
9		
10		
11		
12		
1		
2		
3		
4		
5		

TASKS

NOTES

MISC

Week of:_____

	✓	MONDAY	TUESDAY	WEDNESDAY	THURSDAY
8 :00 :15 :30 :45					
9 :00 :15 :30 :45					
10 :00 :15 :30 :45					
11 :00 :15 :30 :45					
12 :00 :15 :30 :45					
1 :00 :15 :30 :45					
2 :00 :15 :30 :45					
3 :00 :15 :30 :45					
4 :00 :15 :30 :45					
5 :00 :15 :30 :45					
6 :00 :15 :30 :45					
7 :00 :15 :30 :45					
8 :00 :15 :30 :45					

FRIDAY

8	:00 :15 :30 :45	
9	:00 :15 :30 :45	
10	:00 :15 :30 :45	
11	:00 :15 :30 :45	
12	:00 :15 :30 :45	
1	:00 :15 :30 :45	
2	:00 :15 :30 :45	
3	:00 :15 :30 :45	
4	:00 :15 :30 :45	
5	:00 :15 :30 :45	
6	:00 :15 :30 :45	
7	:00 :15 :30 :45	
8	:00 :15 :30 :45	

	SATURDAY	SUNDAY
8		
9		
10		
11		
12		
1		
2		
3		
4		
5		

TASKS

NOTES

MISC

Week of:_____

	✓	MONDAY	TUESDAY	WEDNESDAY	THURSDAY
8 :00 :15 :30 :45					
9 :00 :15 :30 :45					
10 :00 :15 :30 :45					
11 :00 :15 :30 :45					
12 :00 :15 :30 :45					
1 :00 :15 :30 :45					
2 :00 :15 :30 :45					
3 :00 :15 :30 :45					
4 :00 :15 :30 :45					
5 :00 :15 :30 :45					
6 :00 :15 :30 :45					
7 :00 :15 :30 :45					
8 :00 :15 :30 :45					

		FRIDAY
8	:00 :15 :30 :45	
9	:00 :15 :30 :45	
10	:00 :15 :30 :45	
11	:00 :15 :30 :45	
12	:00 :15 :30 :45	
1	:00 :15 :30 :45	
2	:00 :15 :30 :45	
3	:00 :15 :30 :45	
4	:00 :15 :30 :45	
5	:00 :15 :30 :45	
6	:00 :15 :30 :45	
7	:00 :15 :30 :45	
8	:00 :15 :30 :45	

	SATURDAY	SUNDAY
8		
9		
10		
11		
12		
1		
2		
3		
4		
5		

TASKS

NOTES

MISC

Week of:_____

	✓	MONDAY	TUESDAY	WEDNESDAY	THURSDAY
8 :00 :15 :30 :45					
9 :00 :15 :30 :45					
10 :00 :15 :30 :45					
11 :00 :15 :30 :45					
12 :00 :15 :30 :45					
1 :00 :15 :30 :45					
2 :00 :15 :30 :45					
3 :00 :15 :30 :45					
4 :00 :15 :30 :45					
5 :00 :15 :30 :45					
6 :00 :15 :30 :45					
7 :00 :15 :30 :45					
8 :00 :15 :30 :45					

FRIDAY

		FRIDAY
8	:00	
	:15	
	:30	
	:45	
9	:00	
	:15	
	:30	
	:45	
10	:00	
	:15	
	:30	
	:45	
11	:00	
	:15	
	:30	
	:45	
12	:00	
	:15	
	:30	
	:45	
1	:00	
	:15	
	:30	
	:45	
2	:00	
	:15	
	:30	
	:45	
3	:00	
	:15	
	:30	
	:45	
4	:00	
	:15	
	:30	
	:45	
5	:00	
	:15	
	:30	
	:45	
6	:00	
	:15	
	:30	
	:45	
7	:00	
	:15	
	:30	
	:45	
8	:00	
	:15	
	:30	
	:45	

	SATURDAY	SUNDAY
8		
9		
10		
11		
12		
1		
2		
3		
4		
5		

TASKS

NOTES

MISC

Week of:_____

	✓	MONDAY	TUESDAY	WEDNESDAY	THURSDAY
8 :00 / :15 / :30 / :45					
9 :00 / :15 / :30 / :45					
10 :00 / :15 / :30 / :45					
11 :00 / :15 / :30 / :45					
12 :00 / :15 / :30 / :45					
1 :00 / :15 / :30 / :45					
2 :00 / :15 / :30 / :45					
3 :00 / :15 / :30 / :45					
4 :00 / :15 / :30 / :45					
5 :00 / :15 / :30 / :45					
6 :00 / :15 / :30 / :45					
7 :00 / :15 / :30 / :45					
8 :00 / :15 / :30 / :45					

		FRIDAY
8	:00 :15 :30 :45	
9	:00 :15 :30 :45	
10	:00 :15 :30 :45	
11	:00 :15 :30 :45	
12	:00 :15 :30 :45	
1	:00 :15 :30 :45	
2	:00 :15 :30 :45	
3	:00 :15 :30 :45	
4	:00 :15 :30 :45	
5	:00 :15 :30 :45	
6	:00 :15 :30 :45	
7	:00 :15 :30 :45	
8	:00 :15 :30 :45	

	SATURDAY	SUNDAY
8		
9		
10		
11		
12		
1		
2		
3		
4		
5		

TASKS

NOTES

MISC

Month: _____

SUNDAY	MONDAY	TUESDAY	WEDNESDAY

THURSDAY	FRIDAY	SATURDAY	NOTES

Week of:_____

		MONDAY	TUESDAY	WEDNESDAY	THURSDAY
8	:00 :15 :30 :45				
9	:00 :15 :30 :45				
10	:00 :15 :30 :45				
11	:00 :15 :30 :45				
12	:00 :15 :30 :45				
1	:00 :15 :30 :45				
2	:00 :15 :30 :45				
3	:00 :15 :30 :45				
4	:00 :15 :30 :45				
5	:00 :15 :30 :45				
6	:00 :15 :30 :45				
7	:00 :15 :30 :45				
8	:00 :15 :30 :45				

		FRIDAY
8	:00	
	:15	
	:30	
	:45	
9	:00	
	:15	
	:30	
	:45	
10	:00	
	:15	
	:30	
	:45	
11	:00	
	:15	
	:30	
	:45	
12	:00	
	:15	
	:30	
	:45	
1	:00	
	:15	
	:30	
	:45	
2	:00	
	:15	
	:30	
	:45	
3	:00	
	:15	
	:30	
	:45	
4	:00	
	:15	
	:30	
	:45	
5	:00	
	:15	
	:30	
	:45	
6	:00	
	:15	
	:30	
	:45	
7	:00	
	:15	
	:30	
	:45	
8	:00	
	:15	
	:30	
	:45	

	SATURDAY	SUNDAY
8		
9		
10		
11		
12		
1		
2		
3		
4		
5		

TASKS

NOTES

MISC

Week of:_____

	✓	MONDAY	TUESDAY	WEDNESDAY	THURSDAY
8 :00 / :15 / :30 / :45					
9 :00 / :15 / :30 / :45					
10 :00 / :15 / :30 / :45					
11 :00 / :15 / :30 / :45					
12 :00 / :15 / :30 / :45					
1 :00 / :15 / :30 / :45					
2 :00 / :15 / :30 / :45					
3 :00 / :15 / :30 / :45					
4 :00 / :15 / :30 / :45					
5 :00 / :15 / :30 / :45					
6 :00 / :15 / :30 / :45					
7 :00 / :15 / :30 / :45					
8 :00 / :15 / :30 / :45					

		FRIDAY
8	:00	
	:15	
	:30	
	:45	
9	:00	
	:15	
	:30	
	:45	
10	:00	
	:15	
	:30	
	:45	
11	:00	
	:15	
	:30	
	:45	
12	:00	
	:15	
	:30	
	:45	
1	:00	
	:15	
	:30	
	:45	
2	:00	
	:15	
	:30	
	:45	
3	:00	
	:15	
	:30	
	:45	
4	:00	
	:15	
	:30	
	:45	
5	:00	
	:15	
	:30	
	:45	
6	:00	
	:15	
	:30	
	:45	
7	:00	
	:15	
	:30	
	:45	
8	:00	
	:15	
	:30	
	:45	

	SATURDAY	SUNDAY
8		
9		
10		
11		
12		
1		
2		
3		
4		
5		

TASKS

NOTES

MISC

Week of:_____

	✓	MONDAY	TUESDAY	WEDNESDAY	THURSDAY
8 :00 / :15 / :30 / :45					
9 :00 / :15 / :30 / :45					
10 :00 / :15 / :30 / :45					
11 :00 / :15 / :30 / :45					
12 :00 / :15 / :30 / :45					
1 :00 / :15 / :30 / :45					
2 :00 / :15 / :30 / :45					
3 :00 / :15 / :30 / :45					
4 :00 / :15 / :30 / :45					
5 :00 / :15 / :30 / :45					
6 :00 / :15 / :30 / :45					
7 :00 / :15 / :30 / :45					
8 :00 / :15 / :30 / :45					

		FRIDAY
8	:00	
	:15	
	:30	
	:45	
9	:00	
	:15	
	:30	
	:45	
10	:00	
	:15	
	:30	
	:45	
11	:00	
	:15	
	:30	
	:45	
12	:00	
	:15	
	:30	
	:45	
1	:00	
	:15	
	:30	
	:45	
2	:00	
	:15	
	:30	
	:45	
3	:00	
	:15	
	:30	
	:45	
4	:00	
	:15	
	:30	
	:45	
5	:00	
	:15	
	:30	
	:45	
6	:00	
	:15	
	:30	
	:45	
7	:00	
	:15	
	:30	
	:45	
8	:00	
	:15	
	:30	
	:45	

	SATURDAY	SUNDAY
8		
9		
10		
11		
12		
1		
2		
3		
4		
5		

TASKS

NOTES

MISC

Week of: _____

		✓	MONDAY	TUESDAY	WEDNESDAY	THURSDAY
8	:00 :15 :30 :45					
9	:00 :15 :30 :45					
10	:00 :15 :30 :45					
11	:00 :15 :30 :45					
12	:00 :15 :30 :45					
1	:00 :15 :30 :45					
2	:00 :15 :30 :45					
3	:00 :15 :30 :45					
4	:00 :15 :30 :45					
5	:00 :15 :30 :45					
6	:00 :15 :30 :45					
7	:00 :15 :30 :45					
8	:00 :15 :30 :45					

		FRIDAY
8	:00	
	:15	
	:30	
	:45	
9	:00	
	:15	
	:30	
	:45	
10	:00	
	:15	
	:30	
	:45	
11	:00	
	:15	
	:30	
	:45	
12	:00	
	:15	
	:30	
	:45	
1	:00	
	:15	
	:30	
	:45	
2	:00	
	:15	
	:30	
	:45	
3	:00	
	:15	
	:30	
	:45	
4	:00	
	:15	
	:30	
	:45	
5	:00	
	:15	
	:30	
	:45	
6	:00	
	:15	
	:30	
	:45	
7	:00	
	:15	
	:30	
	:45	
8	:00	
	:15	
	:30	
	:45	

	SATURDAY	SUNDAY
8		
9		
10		
11		
12		
1		
2		
3		
4		
5		

TASKS

NOTES

MISC

Week of:_____

	✓	MONDAY	TUESDAY	WEDNESDAY	THURSDAY
8 :00 :15 :30 :45					
9 :00 :15 :30 :45					
10 :00 :15 :30 :45					
11 :00 :15 :30 :45					
12 :00 :15 :30 :45					
1 :00 :15 :30 :45					
2 :00 :15 :30 :45					
3 :00 :15 :30 :45					
4 :00 :15 :30 :45					
5 :00 :15 :30 :45					
6 :00 :15 :30 :45					
7 :00 :15 :30 :45					
8 :00 :15 :30 :45					

FRIDAY

8	:00	
	:15	
	:30	
	:45	
9	:00	
	:15	
	:30	
	:45	
10	:00	
	:15	
	:30	
	:45	
11	:00	
	:15	
	:30	
	:45	
12	:00	
	:15	
	:30	
	:45	
1	:00	
	:15	
	:30	
	:45	
2	:00	
	:15	
	:30	
	:45	
3	:00	
	:15	
	:30	
	:45	
4	:00	
	:15	
	:30	
	:45	
5	:00	
	:15	
	:30	
	:45	
6	:00	
	:15	
	:30	
	:45	
7	:00	
	:15	
	:30	
	:45	
8	:00	
	:15	
	:30	
	:45	

	SATURDAY	SUNDAY
8		
9		
10		
11		
12		
1		
2		
3		
4		
5		

TASKS

NOTES

MISC

Month:_____

SUNDAY	MONDAY	TUESDAY	WEDNESDAY

THURSDAY	FRIDAY	SATURDAY	NOTES

Week of:_____

	✓	MONDAY	TUESDAY	WEDNESDAY	THURSDAY
8 :00 :15 :30 :45					
9 :00 :15 :30 :45					
10 :00 :15 :30 :45					
11 :00 :15 :30 :45					
12 :00 :15 :30 :45					
1 :00 :15 :30 :45					
2 :00 :15 :30 :45					
3 :00 :15 :30 :45					
4 :00 :15 :30 :45					
5 :00 :15 :30 :45					
6 :00 :15 :30 :45					
7 :00 :15 :30 :45					
8 :00 :15 :30 :45					

		FRIDAY
8	:00 :15 :30 :45	
9	:00 :15 :30 :45	
10	:00 :15 :30 :45	
11	:00 :15 :30 :45	
12	:00 :15 :30 :45	
1	:00 :15 :30 :45	
2	:00 :15 :30 :45	
3	:00 :15 :30 :45	
4	:00 :15 :30 :45	
5	:00 :15 :30 :45	
6	:00 :15 :30 :45	
7	:00 :15 :30 :45	
8	:00 :15 :30 :45	

	SATURDAY	SUNDAY
8		
9		
10		
11		
12		
1		
2		
3		
4		
5		

TASKS

NOTES

MISC

Week of:_____

	✓	MONDAY	TUESDAY	WEDNESDAY	THURSDAY
8 :00 :15 :30 :45					
9 :00 :15 :30 :45					
10 :00 :15 :30 :45					
11 :00 :15 :30 :45					
12 :00 :15 :30 :45					
1 :00 :15 :30 :45					
2 :00 :15 :30 :45					
3 :00 :15 :30 :45					
4 :00 :15 :30 :45					
5 :00 :15 :30 :45					
6 :00 :15 :30 :45					
7 :00 :15 :30 :45					
8 :00 :15 :30 :45					

		FRIDAY
8	:00	
	:15	
	:30	
	:45	
9	:00	
	:15	
	:30	
	:45	
10	:00	
	:15	
	:30	
	:45	
11	:00	
	:15	
	:30	
	:45	
12	:00	
	:15	
	:30	
	:45	
1	:00	
	:15	
	:30	
	:45	
2	:00	
	:15	
	:30	
	:45	
3	:00	
	:15	
	:30	
	:45	
4	:00	
	:15	
	:30	
	:45	
5	:00	
	:15	
	:30	
	:45	
6	:00	
	:15	
	:30	
	:45	
7	:00	
	:15	
	:30	
	:45	
8	:00	
	:15	
	:30	
	:45	

	SATURDAY	SUNDAY
8		
9		
10		
11		
12		
1		
2		
3		
4		
5		

TASKS

NOTES

MISC

Week of:_____

	✓	MONDAY	TUESDAY	WEDNESDAY	THURSDAY
8 :00 :15 :30 :45					
9 :00 :15 :30 :45					
10 :00 :15 :30 :45					
11 :00 :15 :30 :45					
12 :00 :15 :30 :45					
1 :00 :15 :30 :45					
2 :00 :15 :30 :45					
3 :00 :15 :30 :45					
4 :00 :15 :30 :45					
5 :00 :15 :30 :45					
6 :00 :15 :30 :45					
7 :00 :15 :30 :45					
8 :00 :15 :30 :45					

		FRIDAY
8	:00 :15 :30 :45	
9	:00 :15 :30 :45	
10	:00 :15 :30 :45	
11	:00 :15 :30 :45	
12	:00 :15 :30 :45	
1	:00 :15 :30 :45	
2	:00 :15 :30 :45	
3	:00 :15 :30 :45	
4	:00 :15 :30 :45	
5	:00 :15 :30 :45	
6	:00 :15 :30 :45	
7	:00 :15 :30 :45	
8	:00 :15 :30 :45	

	SATURDAY	SUNDAY
8		
9		
10		
11		
12		
1		
2		
3		
4		
5		

TASKS

NOTES

MISC

Week of:_____

	✓	MONDAY	TUESDAY	WEDNESDAY	THURSDAY
8 :00 :15 :30 :45					
9 :00 :15 :30 :45					
10 :00 :15 :30 :45					
11 :00 :15 :30 :45					
12 :00 :15 :30 :45					
1 :00 :15 :30 :45					
2 :00 :15 :30 :45					
3 :00 :15 :30 :45					
4 :00 :15 :30 :45					
5 :00 :15 :30 :45					
6 :00 :15 :30 :45					
7 :00 :15 :30 :45					
8 :00 :15 :30 :45					

		FRIDAY
8	:00 :15 :30 :45	
9	:00 :15 :30 :45	
10	:00 :15 :30 :45	
11	:00 :15 :30 :45	
12	:00 :15 :30 :45	
1	:00 :15 :30 :45	
2	:00 :15 :30 :45	
3	:00 :15 :30 :45	
4	:00 :15 :30 :45	
5	:00 :15 :30 :45	
6	:00 :15 :30 :45	
7	:00 :15 :30 :45	
8	:00 :15 :30 :45	

	SATURDAY	SUNDAY
8		
9		
10		
11		
12		
1		
2		
3		
4		
5		

TASKS

NOTES

MISC

Month:_____

SUNDAY	MONDAY	TUESDAY	WEDNESDAY

THURSDAY	FRIDAY	SATURDAY	NOTES

Week of:_____

	✓	MONDAY	TUESDAY	WEDNESDAY	THURSDAY
8 :00 :15 :30 :45					
9 :00 :15 :30 :45					
10 :00 :15 :30 :45					
11 :00 :15 :30 :45					
12 :00 :15 :30 :45					
1 :00 :15 :30 :45					
2 :00 :15 :30 :45					
3 :00 :15 :30 :45					
4 :00 :15 :30 :45					
5 :00 :15 :30 :45					
6 :00 :15 :30 :45					
7 :00 :15 :30 :45					
8 :00 :15 :30 :45					

		FRIDAY
8	:00 :15 :30 :45	
9	:00 :15 :30 :45	
10	:00 :15 :30 :45	
11	:00 :15 :30 :45	
12	:00 :15 :30 :45	
1	:00 :15 :30 :45	
2	:00 :15 :30 :45	
3	:00 :15 :30 :45	
4	:00 :15 :30 :45	
5	:00 :15 :30 :45	
6	:00 :15 :30 :45	
7	:00 :15 :30 :45	
8	:00 :15 :30 :45	

	SATURDAY	SUNDAY
8		
9		
10		
11		
12		
1		
2		
3		
4		
5		

TASKS

NOTES

MISC

Week of:_____

	✓	MONDAY	TUESDAY	WEDNESDAY	THURSDAY
8 :00 :15 :30 :45					
9 :00 :15 :30 :45					
10 :00 :15 :30 :45					
11 :00 :15 :30 :45					
12 :00 :15 :30 :45					
1 :00 :15 :30 :45					
2 :00 :15 :30 :45					
3 :00 :15 :30 :45					
4 :00 :15 :30 :45					
5 :00 :15 :30 :45					
6 :00 :15 :30 :45					
7 :00 :15 :30 :45					
8 :00 :15 :30 :45					

		FRIDAY
8	:00	
	:15	
	:30	
	:45	
9	:00	
	:15	
	:30	
	:45	
10	:00	
	:15	
	:30	
	:45	
11	:00	
	:15	
	:30	
	:45	
12	:00	
	:15	
	:30	
	:45	
1	:00	
	:15	
	:30	
	:45	
2	:00	
	:15	
	:30	
	:45	
3	:00	
	:15	
	:30	
	:45	
4	:00	
	:15	
	:30	
	:45	
5	:00	
	:15	
	:30	
	:45	
6	:00	
	:15	
	:30	
	:45	
7	:00	
	:15	
	:30	
	:45	
8	:00	
	:15	
	:30	
	:45	

	SATURDAY	SUNDAY
8		
9		
10		
11		
12		
1		
2		
3		
4		
5		

TASKS

NOTES

MISC

Week of:_____

	✓	MONDAY	TUESDAY	WEDNESDAY	THURSDAY
8 :00 :15 :30 :45					
9 :00 :15 :30 :45					
10 :00 :15 :30 :45					
11 :00 :15 :30 :45					
12 :00 :15 :30 :45					
1 :00 :15 :30 :45					
2 :00 :15 :30 :45					
3 :00 :15 :30 :45					
4 :00 :15 :30 :45					
5 :00 :15 :30 :45					
6 :00 :15 :30 :45					
7 :00 :15 :30 :45					
8 :00 :15 :30 :45					

		FRIDAY
8	:00	
	:15	
	:30	
	:45	
9	:00	
	:15	
	:30	
	:45	
10	:00	
	:15	
	:30	
	:45	
11	:00	
	:15	
	:30	
	:45	
12	:00	
	:15	
	:30	
	:45	
1	:00	
	:15	
	:30	
	:45	
2	:00	
	:15	
	:30	
	:45	
3	:00	
	:15	
	:30	
	:45	
4	:00	
	:15	
	:30	
	:45	
5	:00	
	:15	
	:30	
	:45	
6	:00	
	:15	
	:30	
	:45	
7	:00	
	:15	
	:30	
	:45	
8	:00	
	:15	
	:30	
	:45	

	SATURDAY	SUNDAY
8		
9		
10		
11		
12		
1		
2		
3		
4		
5		

TASKS

NOTES

MISC

Week of:_____

	✓	MONDAY	TUESDAY	WEDNESDAY	THURSDAY
8 :00 :15 :30 :45					
9 :00 :15 :30 :45					
10 :00 :15 :30 :45					
11 :00 :15 :30 :45					
12 :00 :15 :30 :45					
1 :00 :15 :30 :45					
2 :00 :15 :30 :45					
3 :00 :15 :30 :45					
4 :00 :15 :30 :45					
5 :00 :15 :30 :45					
6 :00 :15 :30 :45					
7 :00 :15 :30 :45					
8 :00 :15 :30 :45					

Weekly Planner

FRIDAY

Hour		
8	:00 :15 :30 :45	
9	:00 :15 :30 :45	
10	:00 :15 :30 :45	
11	:00 :15 :30 :45	
12	:00 :15 :30 :45	
1	:00 :15 :30 :45	
2	:00 :15 :30 :45	
3	:00 :15 :30 :45	
4	:00 :15 :30 :45	
5	:00 :15 :30 :45	
6	:00 :15 :30 :45	
7	:00 :15 :30 :45	
8	:00 :15 :30 :45	

SATURDAY / SUNDAY

Hour	SATURDAY	SUNDAY
8		
9		
10		
11		
12		
1		
2		
3		
4		
5		

TASKS

NOTES

MISC

Week of: _____

		MONDAY	TUESDAY	WEDNESDAY	THURSDAY
8	:00 :15 :30 :45				
9	:00 :15 :30 :45				
10	:00 :15 :30 :45				
11	:00 :15 :30 :45				
12	:00 :15 :30 :45				
1	:00 :15 :30 :45				
2	:00 :15 :30 :45				
3	:00 :15 :30 :45				
4	:00 :15 :30 :45				
5	:00 :15 :30 :45				
6	:00 :15 :30 :45				
7	:00 :15 :30 :45				
8	:00 :15 :30 :45				

FRIDAY

8	:00 / :15 / :30 / :45	
9	:00 / :15 / :30 / :45	
10	:00 / :15 / :30 / :45	
11	:00 / :15 / :30 / :45	
12	:00 / :15 / :30 / :45	
1	:00 / :15 / :30 / :45	
2	:00 / :15 / :30 / :45	
3	:00 / :15 / :30 / :45	
4	:00 / :15 / :30 / :45	
5	:00 / :15 / :30 / :45	
6	:00 / :15 / :30 / :45	
7	:00 / :15 / :30 / :45	
8	:00 / :15 / :30 / :45	

	SATURDAY	SUNDAY
8		
9		
10		
11		
12		
1		
2		
3		
4		
5		

TASKS

NOTES

MISC

Month: _____

SUNDAY	MONDAY	TUESDAY	WEDNESDAY

THURSDAY	FRIDAY	SATURDAY	NOTES

Week of:_____

	✓	MONDAY	TUESDAY	WEDNESDAY	THURSDAY
8 :00 :15 :30 :45					
9 :00 :15 :30 :45					
10 :00 :15 :30 :45					
11 :00 :15 :30 :45					
12 :00 :15 :30 :45					
1 :00 :15 :30 :45					
2 :00 :15 :30 :45					
3 :00 :15 :30 :45					
4 :00 :15 :30 :45					
5 :00 :15 :30 :45					
6 :00 :15 :30 :45					
7 :00 :15 :30 :45					
8 :00 :15 :30 :45					

		FRIDAY
8	:00 / :15 / :30 / :45	
9	:00 / :15 / :30 / :45	
10	:00 / :15 / :30 / :45	
11	:00 / :15 / :30 / :45	
12	:00 / :15 / :30 / :45	
1	:00 / :15 / :30 / :45	
2	:00 / :15 / :30 / :45	
3	:00 / :15 / :30 / :45	
4	:00 / :15 / :30 / :45	
5	:00 / :15 / :30 / :45	
6	:00 / :15 / :30 / :45	
7	:00 / :15 / :30 / :45	
8	:00 / :15 / :30 / :45	

	SATURDAY	SUNDAY
8		
9		
10		
11		
12		
1		
2		
3		
4		
5		

TASKS

NOTES

MISC

Week of:_____

	✓	MONDAY	TUESDAY	WEDNESDAY	THURSDAY
8 :00 :15 :30 :45					
9 :00 :15 :30 :45					
10 :00 :15 :30 :45					
11 :00 :15 :30 :45					
12 :00 :15 :30 :45					
1 :00 :15 :30 :45					
2 :00 :15 :30 :45					
3 :00 :15 :30 :45					
4 :00 :15 :30 :45					
5 :00 :15 :30 :45					
6 :00 :15 :30 :45					
7 :00 :15 :30 :45					
8 :00 :15 :30 :45					

FRIDAY

8	:00	
	:15	
	:30	
	:45	
9	:00	
	:15	
	:30	
	:45	
10	:00	
	:15	
	:30	
	:45	
11	:00	
	:15	
	:30	
	:45	
12	:00	
	:15	
	:30	
	:45	
1	:00	
	:15	
	:30	
	:45	
2	:00	
	:15	
	:30	
	:45	
3	:00	
	:15	
	:30	
	:45	
4	:00	
	:15	
	:30	
	:45	
5	:00	
	:15	
	:30	
	:45	
6	:00	
	:15	
	:30	
	:45	
7	:00	
	:15	
	:30	
	:45	
8	:00	
	:15	
	:30	
	:45	

SATURDAY | SUNDAY

	SATURDAY	SUNDAY
8		
9		
10		
11		
12		
1		
2		
3		
4		
5		

TASKS

NOTES

MISC

Week of:_____

	✓	MONDAY	TUESDAY	WEDNESDAY	THURSDAY
8 :00 / :15 / :30 / :45					
9 :00 / :15 / :30 / :45					
10 :00 / :15 / :30 / :45					
11 :00 / :15 / :30 / :45					
12 :00 / :15 / :30 / :45					
1 :00 / :15 / :30 / :45					
2 :00 / :15 / :30 / :45					
3 :00 / :15 / :30 / :45					
4 :00 / :15 / :30 / :45					
5 :00 / :15 / :30 / :45					
6 :00 / :15 / :30 / :45					
7 :00 / :15 / :30 / :45					
8 :00 / :15 / :30 / :45					

		FRIDAY
8	:00	
	:15	
	:30	
	:45	
9	:00	
	:15	
	:30	
	:45	
10	:00	
	:15	
	:30	
	:45	
11	:00	
	:15	
	:30	
	:45	
12	:00	
	:15	
	:30	
	:45	
1	:00	
	:15	
	:30	
	:45	
2	:00	
	:15	
	:30	
	:45	
3	:00	
	:15	
	:30	
	:45	
4	:00	
	:15	
	:30	
	:45	
5	:00	
	:15	
	:30	
	:45	
6	:00	
	:15	
	:30	
	:45	
7	:00	
	:15	
	:30	
	:45	
8	:00	
	:15	
	:30	
	:45	

	SATURDAY	SUNDAY
8		
9		
10		
11		
12		
1		
2		
3		
4		
5		

TASKS

NOTES

MISC

Week of:_____

		MONDAY	TUESDAY	WEDNESDAY	THURSDAY
8	:00 :15 :30 :45				
9	:00 :15 :30 :45				
10	:00 :15 :30 :45				
11	:00 :15 :30 :45				
12	:00 :15 :30 :45				
1	:00 :15 :30 :45				
2	:00 :15 :30 :45				
3	:00 :15 :30 :45				
4	:00 :15 :30 :45				
5	:00 :15 :30 :45				
6	:00 :15 :30 :45				
7	:00 :15 :30 :45				
8	:00 :15 :30 :45				

FRIDAY

8	:00	
	:15	
	:30	
	:45	
9	:00	
	:15	
	:30	
	:45	
10	:00	
	:15	
	:30	
	:45	
11	:00	
	:15	
	:30	
	:45	
12	:00	
	:15	
	:30	
	:45	
1	:00	
	:15	
	:30	
	:45	
2	:00	
	:15	
	:30	
	:45	
3	:00	
	:15	
	:30	
	:45	
4	:00	
	:15	
	:30	
	:45	
5	:00	
	:15	
	:30	
	:45	
6	:00	
	:15	
	:30	
	:45	
7	:00	
	:15	
	:30	
	:45	
8	:00	
	:15	
	:30	
	:45	

	SATURDAY	SUNDAY
8		
9		
10		
11		
12		
1		
2		
3		
4		
5		

TASKS

NOTES

MISC

Week of:_____

	✓	MONDAY	TUESDAY	WEDNESDAY	THURSDAY
8 :00 :15 :30 :45					
9 :00 :15 :30 :45					
10 :00 :15 :30 :45					
11 :00 :15 :30 :45					
12 :00 :15 :30 :45					
1 :00 :15 :30 :45					
2 :00 :15 :30 :45					
3 :00 :15 :30 :45					
4 :00 :15 :30 :45					
5 :00 :15 :30 :45					
6 :00 :15 :30 :45					
7 :00 :15 :30 :45					
8 :00 :15 :30 :45					

		FRIDAY
8	:00	
	:15	
	:30	
	:45	
9	:00	
	:15	
	:30	
	:45	
10	:00	
	:15	
	:30	
	:45	
11	:00	
	:15	
	:30	
	:45	
12	:00	
	:15	
	:30	
	:45	
1	:00	
	:15	
	:30	
	:45	
2	:00	
	:15	
	:30	
	:45	
3	:00	
	:15	
	:30	
	:45	
4	:00	
	:15	
	:30	
	:45	
5	:00	
	:15	
	:30	
	:45	
6	:00	
	:15	
	:30	
	:45	
7	:00	
	:15	
	:30	
	:45	
8	:00	
	:15	
	:30	
	:45	

	SATURDAY	SUNDAY
8		
9		
10		
11		
12		
1		
2		
3		
4		
5		

TASKS

NOTES

MISC

Month: _____

SUNDAY	MONDAY	TUESDAY	WEDNESDAY

THURSDAY	FRIDAY	SATURDAY	NOTES

Week of:_____

	✓	MONDAY	TUESDAY	WEDNESDAY	THURSDAY
8 :00 :15 :30 :45					
9 :00 :15 :30 :45					
10 :00 :15 :30 :45					
11 :00 :15 :30 :45					
12 :00 :15 :30 :45					
1 :00 :15 :30 :45					
2 :00 :15 :30 :45					
3 :00 :15 :30 :45					
4 :00 :15 :30 :45					
5 :00 :15 :30 :45					
6 :00 :15 :30 :45					
7 :00 :15 :30 :45					
8 :00 :15 :30 :45					

		FRIDAY
8	:00	
	:15	
	:30	
	:45	
9	:00	
	:15	
	:30	
	:45	
10	:00	
	:15	
	:30	
	:45	
11	:00	
	:15	
	:30	
	:45	
12	:00	
	:15	
	:30	
	:45	
1	:00	
	:15	
	:30	
	:45	
2	:00	
	:15	
	:30	
	:45	
3	:00	
	:15	
	:30	
	:45	
4	:00	
	:15	
	:30	
	:45	
5	:00	
	:15	
	:30	
	:45	
6	:00	
	:15	
	:30	
	:45	
7	:00	
	:15	
	:30	
	:45	
8	:00	
	:15	
	:30	
	:45	

	SATURDAY	SUNDAY
8		
9		
10		
11		
12		
1		
2		
3		
4		
5		

TASKS

NOTES

MISC

Week of:_____

	✓	MONDAY	TUESDAY	WEDNESDAY	THURSDAY
8 :00 :15 :30 :45					
9 :00 :15 :30 :45					
10 :00 :15 :30 :45					
11 :00 :15 :30 :45					
12 :00 :15 :30 :45					
1 :00 :15 :30 :45					
2 :00 :15 :30 :45					
3 :00 :15 :30 :45					
4 :00 :15 :30 :45					
5 :00 :15 :30 :45					
6 :00 :15 :30 :45					
7 :00 :15 :30 :45					
8 :00 :15 :30 :45					

		FRIDAY
8	:00 :15 :30 :45	
9	:00 :15 :30 :45	
10	:00 :15 :30 :45	
11	:00 :15 :30 :45	
12	:00 :15 :30 :45	
1	:00 :15 :30 :45	
2	:00 :15 :30 :45	
3	:00 :15 :30 :45	
4	:00 :15 :30 :45	
5	:00 :15 :30 :45	
6	:00 :15 :30 :45	
7	:00 :15 :30 :45	
8	:00 :15 :30 :45	

	SATURDAY	SUNDAY
8		
9		
10		
11		
12		
1		
2		
3		
4		
5		

TASKS

NOTES

MISC

Week of:_____

	✓	MONDAY	TUESDAY	WEDNESDAY	THURSDAY
8 :00 :15 :30 :45					
9 :00 :15 :30 :45					
10 :00 :15 :30 :45					
11 :00 :15 :30 :45					
12 :00 :15 :30 :45					
1 :00 :15 :30 :45					
2 :00 :15 :30 :45					
3 :00 :15 :30 :45					
4 :00 :15 :30 :45					
5 :00 :15 :30 :45					
6 :00 :15 :30 :45					
7 :00 :15 :30 :45					
8 :00 :15 :30 :45					

		FRIDAY
8	:00 :15 :30 :45	
9	:00 :15 :30 :45	
10	:00 :15 :30 :45	
11	:00 :15 :30 :45	
12	:00 :15 :30 :45	
1	:00 :15 :30 :45	
2	:00 :15 :30 :45	
3	:00 :15 :30 :45	
4	:00 :15 :30 :45	
5	:00 :15 :30 :45	
6	:00 :15 :30 :45	
7	:00 :15 :30 :45	
8	:00 :15 :30 :45	

	SATURDAY	SUNDAY
8		
9		
10		
11		
12		
1		
2		
3		
4		
5		

TASKS

NOTES

MISC

Week of:_____

		MONDAY	TUESDAY	WEDNESDAY	THURSDAY
8	:00 :15 :30 :45				
9	:00 :15 :30 :45				
10	:00 :15 :30 :45				
11	:00 :15 :30 :45				
12	:00 :15 :30 :45				
1	:00 :15 :30 :45				
2	:00 :15 :30 :45				
3	:00 :15 :30 :45				
4	:00 :15 :30 :45				
5	:00 :15 :30 :45				
6	:00 :15 :30 :45				
7	:00 :15 :30 :45				
8	:00 :15 :30 :45				

		FRIDAY
8	:00	
	:15	
	:30	
	:45	
9	:00	
	:15	
	:30	
	:45	
10	:00	
	:15	
	:30	
	:45	
11	:00	
	:15	
	:30	
	:45	
12	:00	
	:15	
	:30	
	:45	
1	:00	
	:15	
	:30	
	:45	
2	:00	
	:15	
	:30	
	:45	
3	:00	
	:15	
	:30	
	:45	
4	:00	
	:15	
	:30	
	:45	
5	:00	
	:15	
	:30	
	:45	
6	:00	
	:15	
	:30	
	:45	
7	:00	
	:15	
	:30	
	:45	
8	:00	
	:15	
	:30	
	:45	

	SATURDAY	**SUNDAY**
8		
9		
10		
11		
12		
1		
2		
3		
4		
5		

TASKS

NOTES

MISC

Week of:_____

	✓	MONDAY	TUESDAY	WEDNESDAY	THURSDAY
8 :00 / :15 / :30 / :45					
9 :00 / :15 / :30 / :45					
10 :00 / :15 / :30 / :45					
11 :00 / :15 / :30 / :45					
12 :00 / :15 / :30 / :45					
1 :00 / :15 / :30 / :45					
2 :00 / :15 / :30 / :45					
3 :00 / :15 / :30 / :45					
4 :00 / :15 / :30 / :45					
5 :00 / :15 / :30 / :45					
6 :00 / :15 / :30 / :45					
7 :00 / :15 / :30 / :45					
8 :00 / :15 / :30 / :45					

		FRIDAY
8	:00	
	:15	
	:30	
	:45	
9	:00	
	:15	
	:30	
	:45	
10	:00	
	:15	
	:30	
	:45	
11	:00	
	:15	
	:30	
	:45	
12	:00	
	:15	
	:30	
	:45	
1	:00	
	:15	
	:30	
	:45	
2	:00	
	:15	
	:30	
	:45	
3	:00	
	:15	
	:30	
	:45	
4	:00	
	:15	
	:30	
	:45	
5	:00	
	:15	
	:30	
	:45	
6	:00	
	:15	
	:30	
	:45	
7	:00	
	:15	
	:30	
	:45	
8	:00	
	:15	
	:30	
	:45	

	SATURDAY	SUNDAY
8		
9		
10		
11		
12		
1		
2		
3		
4		
5		

TASKS

NOTES

MISC

Month:_____

SUNDAY	MONDAY	TUESDAY	WEDNESDAY

THURSDAY	FRIDAY	SATURDAY	NOTES

Week of:_____

	✓	MONDAY	TUESDAY	WEDNESDAY	THURSDAY
8 :00 :15 :30 :45					
9 :00 :15 :30 :45					
10 :00 :15 :30 :45					
11 :00 :15 :30 :45					
12 :00 :15 :30 :45					
1 :00 :15 :30 :45					
2 :00 :15 :30 :45					
3 :00 :15 :30 :45					
4 :00 :15 :30 :45					
5 :00 :15 :30 :45					
6 :00 :15 :30 :45					
7 :00 :15 :30 :45					
8 :00 :15 :30 :45					

		FRIDAY
8	:00	
	:15	
	:30	
	:45	
9	:00	
	:15	
	:30	
	:45	
10	:00	
	:15	
	:30	
	:45	
11	:00	
	:15	
	:30	
	:45	
12	:00	
	:15	
	:30	
	:45	
1	:00	
	:15	
	:30	
	:45	
2	:00	
	:15	
	:30	
	:45	
3	:00	
	:15	
	:30	
	:45	
4	:00	
	:15	
	:30	
	:45	
5	:00	
	:15	
	:30	
	:45	
6	:00	
	:15	
	:30	
	:45	
7	:00	
	:15	
	:30	
	:45	
8	:00	
	:15	
	:30	
	:45	

	SATURDAY	SUNDAY
8		
9		
10		
11		
12		
1		
2		
3		
4		
5		

TASKS

NOTES

MISC

Week of:_____

	✓	MONDAY	TUESDAY	WEDNESDAY	THURSDAY
8 :00 :15 :30 :45					
9 :00 :15 :30 :45					
10 :00 :15 :30 :45					
11 :00 :15 :30 :45					
12 :00 :15 :30 :45					
1 :00 :15 :30 :45					
2 :00 :15 :30 :45					
3 :00 :15 :30 :45					
4 :00 :15 :30 :45					
5 :00 :15 :30 :45					
6 :00 :15 :30 :45					
7 :00 :15 :30 :45					
8 :00 :15 :30 :45					

		FRIDAY
8	:00	
	:15	
	:30	
	:45	
9	:00	
	:15	
	:30	
	:45	
10	:00	
	:15	
	:30	
	:45	
11	:00	
	:15	
	:30	
	:45	
12	:00	
	:15	
	:30	
	:45	
1	:00	
	:15	
	:30	
	:45	
2	:00	
	:15	
	:30	
	:45	
3	:00	
	:15	
	:30	
	:45	
4	:00	
	:15	
	:30	
	:45	
5	:00	
	:15	
	:30	
	:45	
6	:00	
	:15	
	:30	
	:45	
7	:00	
	:15	
	:30	
	:45	
8	:00	
	:15	
	:30	
	:45	

	SATURDAY	SUNDAY
8		
9		
10		
11		
12		
1		
2		
3		
4		
5		

TASKS

NOTES

MISC

Week of:_____

	✓	MONDAY	TUESDAY	WEDNESDAY	THURSDAY
8 :00 :15 :30 :45					
9 :00 :15 :30 :45					
10 :00 :15 :30 :45					
11 :00 :15 :30 :45					
12 :00 :15 :30 :45					
1 :00 :15 :30 :45					
2 :00 :15 :30 :45					
3 :00 :15 :30 :45					
4 :00 :15 :30 :45					
5 :00 :15 :30 :45					
6 :00 :15 :30 :45					
7 :00 :15 :30 :45					
8 :00 :15 :30 :45					

		FRIDAY
8	:00	
	:15	
	:30	
	:45	
9	:00	
	:15	
	:30	
	:45	
10	:00	
	:15	
	:30	
	:45	
11	:00	
	:15	
	:30	
	:45	
12	:00	
	:15	
	:30	
	:45	
1	:00	
	:15	
	:30	
	:45	
2	:00	
	:15	
	:30	
	:45	
3	:00	
	:15	
	:30	
	:45	
4	:00	
	:15	
	:30	
	:45	
5	:00	
	:15	
	:30	
	:45	
6	:00	
	:15	
	:30	
	:45	
7	:00	
	:15	
	:30	
	:45	
8	:00	
	:15	
	:30	
	:45	

	SATURDAY	SUNDAY
8		
9		
10		
11		
12		
1		
2		
3		
4		
5		

TASKS

NOTES

MISC

Week of:_____

	✓	MONDAY	TUESDAY	WEDNESDAY	THURSDAY
8 :00 :15 :30 :45					
9 :00 :15 :30 :45					
10 :00 :15 :30 :45					
11 :00 :15 :30 :45					
12 :00 :15 :30 :45					
1 :00 :15 :30 :45					
2 :00 :15 :30 :45					
3 :00 :15 :30 :45					
4 :00 :15 :30 :45					
5 :00 :15 :30 :45					
6 :00 :15 :30 :45					
7 :00 :15 :30 :45					
8 :00 :15 :30 :45					

		FRIDAY
8	:00	
	:15	
	:30	
	:45	
9	:00	
	:15	
	:30	
	:45	
10	:00	
	:15	
	:30	
	:45	
11	:00	
	:15	
	:30	
	:45	
12	:00	
	:15	
	:30	
	:45	
1	:00	
	:15	
	:30	
	:45	
2	:00	
	:15	
	:30	
	:45	
3	:00	
	:15	
	:30	
	:45	
4	:00	
	:15	
	:30	
	:45	
5	:00	
	:15	
	:30	
	:45	
6	:00	
	:15	
	:30	
	:45	
7	:00	
	:15	
	:30	
	:45	
8	:00	
	:15	
	:30	
	:45	

	SATURDAY	**SUNDAY**
8		
9		
10		
11		
12		
1		
2		
3		
4		
5		

TASKS

NOTES

MISC

Week of:_____

	✓	MONDAY	TUESDAY	WEDNESDAY	THURSDAY
8 :00 :15 :30 :45					
9 :00 :15 :30 :45					
10 :00 :15 :30 :45					
11 :00 :15 :30 :45					
12 :00 :15 :30 :45					
1 :00 :15 :30 :45					
2 :00 :15 :30 :45					
3 :00 :15 :30 :45					
4 :00 :15 :30 :45					
5 :00 :15 :30 :45					
6 :00 :15 :30 :45					
7 :00 :15 :30 :45					
8 :00 :15 :30 :45					

		FRIDAY
8	:00	
	:15	
	:30	
	:45	
9	:00	
	:15	
	:30	
	:45	
10	:00	
	:15	
	:30	
	:45	
11	:00	
	:15	
	:30	
	:45	
12	:00	
	:15	
	:30	
	:45	
1	:00	
	:15	
	:30	
	:45	
2	:00	
	:15	
	:30	
	:45	
3	:00	
	:15	
	:30	
	:45	
4	:00	
	:15	
	:30	
	:45	
5	:00	
	:15	
	:30	
	:45	
6	:00	
	:15	
	:30	
	:45	
7	:00	
	:15	
	:30	
	:45	
8	:00	
	:15	
	:30	
	:45	

	SATURDAY	SUNDAY
8		
9		
10		
11		
12		
1		
2		
3		
4		
5		

TASKS

NOTES

MISC

Month: _____

SUNDAY	MONDAY	TUESDAY	WEDNESDAY

THURSDAY	FRIDAY	SATURDAY	NOTES

Week of:_____

		MONDAY	TUESDAY	WEDNESDAY	THURSDAY
8	:00 :15 :30 :45				
9	:00 :15 :30 :45				
10	:00 :15 :30 :45				
11	:00 :15 :30 :45				
12	:00 :15 :30 :45				
1	:00 :15 :30 :45				
2	:00 :15 :30 :45				
3	:00 :15 :30 :45				
4	:00 :15 :30 :45				
5	:00 :15 :30 :45				
6	:00 :15 :30 :45				
7	:00 :15 :30 :45				
8	:00 :15 :30 :45				

		FRIDAY
8	:00 :15 :30 :45	
9	:00 :15 :30 :45	
10	:00 :15 :30 :45	
11	:00 :15 :30 :45	
12	:00 :15 :30 :45	
1	:00 :15 :30 :45	
2	:00 :15 :30 :45	
3	:00 :15 :30 :45	
4	:00 :15 :30 :45	
5	:00 :15 :30 :45	
6	:00 :15 :30 :45	
7	:00 :15 :30 :45	
8	:00 :15 :30 :45	

	SATURDAY	SUNDAY
8		
9		
10		
11		
12		
1		
2		
3		
4		
5		

TASKS

NOTES

MISC

Week of:_____

	✓	MONDAY	TUESDAY	WEDNESDAY	THURSDAY
8 :00 :15 :30 :45					
9 :00 :15 :30 :45					
10 :00 :15 :30 :45					
11 :00 :15 :30 :45					
12 :00 :15 :30 :45					
1 :00 :15 :30 :45					
2 :00 :15 :30 :45					
3 :00 :15 :30 :45					
4 :00 :15 :30 :45					
5 :00 :15 :30 :45					
6 :00 :15 :30 :45					
7 :00 :15 :30 :45					
8 :00 :15 :30 :45					

		FRIDAY
8	:00	
	:15	
	:30	
	:45	
9	:00	
	:15	
	:30	
	:45	
10	:00	
	:15	
	:30	
	:45	
11	:00	
	:15	
	:30	
	:45	
12	:00	
	:15	
	:30	
	:45	
1	:00	
	:15	
	:30	
	:45	
2	:00	
	:15	
	:30	
	:45	
3	:00	
	:15	
	:30	
	:45	
4	:00	
	:15	
	:30	
	:45	
5	:00	
	:15	
	:30	
	:45	
6	:00	
	:15	
	:30	
	:45	
7	:00	
	:15	
	:30	
	:45	
8	:00	
	:15	
	:30	
	:45	

	SATURDAY	SUNDAY
8		
9		
10		
11		
12		
1		
2		
3		
4		
5		

TASKS

NOTES

MISC

Week of:_____

	✓	MONDAY	TUESDAY	WEDNESDAY	THURSDAY
8 :00 / :15 / :30 / :45					
9 :00 / :15 / :30 / :45					
10 :00 / :15 / :30 / :45					
11 :00 / :15 / :30 / :45					
12 :00 / :15 / :30 / :45					
1 :00 / :15 / :30 / :45					
2 :00 / :15 / :30 / :45					
3 :00 / :15 / :30 / :45					
4 :00 / :15 / :30 / :45					
5 :00 / :15 / :30 / :45					
6 :00 / :15 / :30 / :45					
7 :00 / :15 / :30 / :45					
8 :00 / :15 / :30 / :45					

		FRIDAY
8	:00 :15 :30 :45	
9	:00 :15 :30 :45	
10	:00 :15 :30 :45	
11	:00 :15 :30 :45	
12	:00 :15 :30 :45	
1	:00 :15 :30 :45	
2	:00 :15 :30 :45	
3	:00 :15 :30 :45	
4	:00 :15 :30 :45	
5	:00 :15 :30 :45	
6	:00 :15 :30 :45	
7	:00 :15 :30 :45	
8	:00 :15 :30 :45	

	SATURDAY	SUNDAY
8		
9		
10		
11		
12		
1		
2		
3		
4		
5		

TASKS

NOTES

MISC

Week of:_____

	✓	MONDAY	TUESDAY	WEDNESDAY	THURSDAY
8 :00 :15 :30 :45					
9 :00 :15 :30 :45					
10 :00 :15 :30 :45					
11 :00 :15 :30 :45					
12 :00 :15 :30 :45					
1 :00 :15 :30 :45					
2 :00 :15 :30 :45					
3 :00 :15 :30 :45					
4 :00 :15 :30 :45					
5 :00 :15 :30 :45					
6 :00 :15 :30 :45					
7 :00 :15 :30 :45					
8 :00 :15 :30 :45					

		FRIDAY
8	:00 :15 :30 :45	
9	:00 :15 :30 :45	
10	:00 :15 :30 :45	
11	:00 :15 :30 :45	
12	:00 :15 :30 :45	
1	:00 :15 :30 :45	
2	:00 :15 :30 :45	
3	:00 :15 :30 :45	
4	:00 :15 :30 :45	
5	:00 :15 :30 :45	
6	:00 :15 :30 :45	
7	:00 :15 :30 :45	
8	:00 :15 :30 :45	

	SATURDAY	SUNDAY
8		
9		
10		
11		
12		
1		
2		
3		
4		
5		

TASKS

NOTES

MISC

Week of:_____

	✓	MONDAY	TUESDAY	WEDNESDAY	THURSDAY
8 :00 :15 :30 :45					
9 :00 :15 :30 :45					
10 :00 :15 :30 :45					
11 :00 :15 :30 :45					
12 :00 :15 :30 :45					
1 :00 :15 :30 :45					
2 :00 :15 :30 :45					
3 :00 :15 :30 :45					
4 :00 :15 :30 :45					
5 :00 :15 :30 :45					
6 :00 :15 :30 :45					
7 :00 :15 :30 :45					
8 :00 :15 :30 :45					

		FRIDAY
8	:00 :15 :30 :45	
9	:00 :15 :30 :45	
10	:00 :15 :30 :45	
11	:00 :15 :30 :45	
12	:00 :15 :30 :45	
1	:00 :15 :30 :45	
2	:00 :15 :30 :45	
3	:00 :15 :30 :45	
4	:00 :15 :30 :45	
5	:00 :15 :30 :45	
6	:00 :15 :30 :45	
7	:00 :15 :30 :45	
8	:00 :15 :30 :45	

	SATURDAY	SUNDAY
8		
9		
10		
11		
12		
1		
2		
3		
4		
5		

TASKS

NOTES

MISC

Month: _____

SUNDAY	MONDAY	TUESDAY	WEDNESDAY

THURSDAY	FRIDAY	SATURDAY	NOTES

Week of:_____

	✓	MONDAY	TUESDAY	WEDNESDAY	THURSDAY
8 :00 :15 :30 :45					
9 :00 :15 :30 :45					
10 :00 :15 :30 :45					
11 :00 :15 :30 :45					
12 :00 :15 :30 :45					
1 :00 :15 :30 :45					
2 :00 :15 :30 :45					
3 :00 :15 :30 :45					
4 :00 :15 :30 :45					
5 :00 :15 :30 :45					
6 :00 :15 :30 :45					
7 :00 :15 :30 :45					
8 :00 :15 :30 :45					

		FRIDAY
8	:00	
	:15	
	:30	
	:45	
9	:00	
	:15	
	:30	
	:45	
10	:00	
	:15	
	:30	
	:45	
11	:00	
	:15	
	:30	
	:45	
12	:00	
	:15	
	:30	
	:45	
1	:00	
	:15	
	:30	
	:45	
2	:00	
	:15	
	:30	
	:45	
3	:00	
	:15	
	:30	
	:45	
4	:00	
	:15	
	:30	
	:45	
5	:00	
	:15	
	:30	
	:45	
6	:00	
	:15	
	:30	
	:45	
7	:00	
	:15	
	:30	
	:45	
8	:00	
	:15	
	:30	
	:45	

	SATURDAY	SUNDAY
8		
9		
10		
11		
12		
1		
2		
3		
4		
5		

TASKS

NOTES

MISC

Week of:_____

	✓	MONDAY	TUESDAY	WEDNESDAY	THURSDAY
8 :00 :15 :30 :45					
9 :00 :15 :30 :45					
10 :00 :15 :30 :45					
11 :00 :15 :30 :45					
12 :00 :15 :30 :45					
1 :00 :15 :30 :45					
2 :00 :15 :30 :45					
3 :00 :15 :30 :45					
4 :00 :15 :30 :45					
5 :00 :15 :30 :45					
6 :00 :15 :30 :45					
7 :00 :15 :30 :45					
8 :00 :15 :30 :45					

		FRIDAY
8	:00 :15 :30 :45	
9	:00 :15 :30 :45	
10	:00 :15 :30 :45	
11	:00 :15 :30 :45	
12	:00 :15 :30 :45	
1	:00 :15 :30 :45	
2	:00 :15 :30 :45	
3	:00 :15 :30 :45	
4	:00 :15 :30 :45	
5	:00 :15 :30 :45	
6	:00 :15 :30 :45	
7	:00 :15 :30 :45	
8	:00 :15 :30 :45	

	SATURDAY	SUNDAY
8		
9		
10		
11		
12		
1		
2		
3		
4		
5		

TASKS

NOTES

MISC

Week of:_____

	✓	MONDAY	TUESDAY	WEDNESDAY	THURSDAY
8 :00 :15 :30 :45					
9 :00 :15 :30 :45					
10 :00 :15 :30 :45					
11 :00 :15 :30 :45					
12 :00 :15 :30 :45					
1 :00 :15 :30 :45					
2 :00 :15 :30 :45					
3 :00 :15 :30 :45					
4 :00 :15 :30 :45					
5 :00 :15 :30 :45					
6 :00 :15 :30 :45					
7 :00 :15 :30 :45					
8 :00 :15 :30 :45					

		FRIDAY
8	:00	
	:15	
	:30	
	:45	
9	:00	
	:15	
	:30	
	:45	
10	:00	
	:15	
	:30	
	:45	
11	:00	
	:15	
	:30	
	:45	
12	:00	
	:15	
	:30	
	:45	
1	:00	
	:15	
	:30	
	:45	
2	:00	
	:15	
	:30	
	:45	
3	:00	
	:15	
	:30	
	:45	
4	:00	
	:15	
	:30	
	:45	
5	:00	
	:15	
	:30	
	:45	
6	:00	
	:15	
	:30	
	:45	
7	:00	
	:15	
	:30	
	:45	
8	:00	
	:15	
	:30	
	:45	

	SATURDAY	SUNDAY
8		
9		
10		
11		
12		
1		
2		
3		
4		
5		

TASKS

NOTES

MISC

Week of:_____

	✓	MONDAY	TUESDAY	WEDNESDAY	THURSDAY
8 :00 :15 :30 :45					
9 :00 :15 :30 :45					
10 :00 :15 :30 :45					
11 :00 :15 :30 :45					
12 :00 :15 :30 :45					
1 :00 :15 :30 :45					
2 :00 :15 :30 :45					
3 :00 :15 :30 :45					
4 :00 :15 :30 :45					
5 :00 :15 :30 :45					
6 :00 :15 :30 :45					
7 :00 :15 :30 :45					
8 :00 :15 :30 :45					

		FRIDAY
8	:00	
	:15	
	:30	
	:45	
9	:00	
	:15	
	:30	
	:45	
10	:00	
	:15	
	:30	
	:45	
11	:00	
	:15	
	:30	
	:45	
12	:00	
	:15	
	:30	
	:45	
1	:00	
	:15	
	:30	
	:45	
2	:00	
	:15	
	:30	
	:45	
3	:00	
	:15	
	:30	
	:45	
4	:00	
	:15	
	:30	
	:45	
5	:00	
	:15	
	:30	
	:45	
6	:00	
	:15	
	:30	
	:45	
7	:00	
	:15	
	:30	
	:45	
8	:00	
	:15	
	:30	
	:45	

	SATURDAY	SUNDAY
8		
9		
10		
11		
12		
1		
2		
3		
4		
5		

TASKS

NOTES

MISC

Week of:_____

		MONDAY	TUESDAY	WEDNESDAY	THURSDAY
8	:00 :15 :30 :45				
9	:00 :15 :30 :45				
10	:00 :15 :30 :45				
11	:00 :15 :30 :45				
12	:00 :15 :30 :45				
1	:00 :15 :30 :45				
2	:00 :15 :30 :45				
3	:00 :15 :30 :45				
4	:00 :15 :30 :45				
5	:00 :15 :30 :45				
6	:00 :15 :30 :45				
7	:00 :15 :30 :45				
8	:00 :15 :30 :45				

		FRIDAY
8	:00	
	:15	
	:30	
	:45	
9	:00	
	:15	
	:30	
	:45	
10	:00	
	:15	
	:30	
	:45	
11	:00	
	:15	
	:30	
	:45	
12	:00	
	:15	
	:30	
	:45	
1	:00	
	:15	
	:30	
	:45	
2	:00	
	:15	
	:30	
	:45	
3	:00	
	:15	
	:30	
	:45	
4	:00	
	:15	
	:30	
	:45	
5	:00	
	:15	
	:30	
	:45	
6	:00	
	:15	
	:30	
	:45	
7	:00	
	:15	
	:30	
	:45	
8	:00	
	:15	
	:30	
	:45	

	SATURDAY	SUNDAY
8		
9		
10		
11		
12		
1		
2		
3		
4		
5		

TASKS

NOTES

MISC

Month: _____

SUNDAY	MONDAY	TUESDAY	WEDNESDAY

THURSDAY	FRIDAY	SATURDAY	NOTES

Week of: _____

	✓	MONDAY	TUESDAY	WEDNESDAY	THURSDAY
8 :00 :15 :30 :45					
9 :00 :15 :30 :45					
10 :00 :15 :30 :45					
11 :00 :15 :30 :45					
12 :00 :15 :30 :45					
1 :00 :15 :30 :45					
2 :00 :15 :30 :45					
3 :00 :15 :30 :45					
4 :00 :15 :30 :45					
5 :00 :15 :30 :45					
6 :00 :15 :30 :45					
7 :00 :15 :30 :45					
8 :00 :15 :30 :45					

		FRIDAY
8	:00 :15 :30 :45	
9	:00 :15 :30 :45	
10	:00 :15 :30 :45	
11	:00 :15 :30 :45	
12	:00 :15 :30 :45	
1	:00 :15 :30 :45	
2	:00 :15 :30 :45	
3	:00 :15 :30 :45	
4	:00 :15 :30 :45	
5	:00 :15 :30 :45	
6	:00 :15 :30 :45	
7	:00 :15 :30 :45	
8	:00 :15 :30 :45	

	SATURDAY	SUNDAY
8		
9		
10		
11		
12		
1		
2		
3		
4		
5		

TASKS

NOTES

MISC

Week of:_____

	✓	MONDAY	TUESDAY	WEDNESDAY	THURSDAY
8 :00 :15 :30 :45					
9 :00 :15 :30 :45					
10 :00 :15 :30 :45					
11 :00 :15 :30 :45					
12 :00 :15 :30 :45					
1 :00 :15 :30 :45					
2 :00 :15 :30 :45					
3 :00 :15 :30 :45					
4 :00 :15 :30 :45					
5 :00 :15 :30 :45					
6 :00 :15 :30 :45					
7 :00 :15 :30 :45					
8 :00 :15 :30 :45					

		FRIDAY
8	:00 :15 :30 :45	
9	:00 :15 :30 :45	
10	:00 :15 :30 :45	
11	:00 :15 :30 :45	
12	:00 :15 :30 :45	
1	:00 :15 :30 :45	
2	:00 :15 :30 :45	
3	:00 :15 :30 :45	
4	:00 :15 :30 :45	
5	:00 :15 :30 :45	
6	:00 :15 :30 :45	
7	:00 :15 :30 :45	
8	:00 :15 :30 :45	

	SATURDAY	SUNDAY
8		
9		
10		
11		
12		
1		
2		
3		
4		
5		

TASKS

NOTES

MISC

Week of:_____

	✓	MONDAY	TUESDAY	WEDNESDAY	THURSDAY
8 :00 :15 :30 :45					
9 :00 :15 :30 :45					
10 :00 :15 :30 :45					
11 :00 :15 :30 :45					
12 :00 :15 :30 :45					
1 :00 :15 :30 :45					
2 :00 :15 :30 :45					
3 :00 :15 :30 :45					
4 :00 :15 :30 :45					
5 :00 :15 :30 :45					
6 :00 :15 :30 :45					
7 :00 :15 :30 :45					
8 :00 :15 :30 :45					

		FRIDAY
8	:00	
	:15	
	:30	
	:45	
9	:00	
	:15	
	:30	
	:45	
10	:00	
	:15	
	:30	
	:45	
11	:00	
	:15	
	:30	
	:45	
12	:00	
	:15	
	:30	
	:45	
1	:00	
	:15	
	:30	
	:45	
2	:00	
	:15	
	:30	
	:45	
3	:00	
	:15	
	:30	
	:45	
4	:00	
	:15	
	:30	
	:45	
5	:00	
	:15	
	:30	
	:45	
6	:00	
	:15	
	:30	
	:45	
7	:00	
	:15	
	:30	
	:45	
8	:00	
	:15	
	:30	
	:45	

	SATURDAY	SUNDAY
8		
9		
10		
11		
12		
1		
2		
3		
4		
5		

TASKS

NOTES

MISC

Week of:_____

		✓	MONDAY	TUESDAY	WEDNESDAY	THURSDAY
8	:00 :15 :30 :45					
9	:00 :15 :30 :45					
10	:00 :15 :30 :45					
11	:00 :15 :30 :45					
12	:00 :15 :30 :45					
1	:00 :15 :30 :45					
2	:00 :15 :30 :45					
3	:00 :15 :30 :45					
4	:00 :15 :30 :45					
5	:00 :15 :30 :45					
6	:00 :15 :30 :45					
7	:00 :15 :30 :45					
8	:00 :15 :30 :45					

		FRIDAY
8	:00	
	:15	
	:30	
	:45	
9	:00	
	:15	
	:30	
	:45	
10	:00	
	:15	
	:30	
	:45	
11	:00	
	:15	
	:30	
	:45	
12	:00	
	:15	
	:30	
	:45	
1	:00	
	:15	
	:30	
	:45	
2	:00	
	:15	
	:30	
	:45	
3	:00	
	:15	
	:30	
	:45	
4	:00	
	:15	
	:30	
	:45	
5	:00	
	:15	
	:30	
	:45	
6	:00	
	:15	
	:30	
	:45	
7	:00	
	:15	
	:30	
	:45	
8	:00	
	:15	
	:30	
	:45	

	SATURDAY	SUNDAY
8		
9		
10		
11		
12		
1		
2		
3		
4		
5		

TASKS

NOTES

MISC

Week of:_____

	✓	MONDAY	TUESDAY	WEDNESDAY	THURSDAY
8 :00 :15 :30 :45					
9 :00 :15 :30 :45					
10 :00 :15 :30 :45					
11 :00 :15 :30 :45					
12 :00 :15 :30 :45					
1 :00 :15 :30 :45					
2 :00 :15 :30 :45					
3 :00 :15 :30 :45					
4 :00 :15 :30 :45					
5 :00 :15 :30 :45					
6 :00 :15 :30 :45					
7 :00 :15 :30 :45					
8 :00 :15 :30 :45					

		FRIDAY
8	:00 :15 :30 :45	
9	:00 :15 :30 :45	
10	:00 :15 :30 :45	
11	:00 :15 :30 :45	
12	:00 :15 :30 :45	
1	:00 :15 :30 :45	
2	:00 :15 :30 :45	
3	:00 :15 :30 :45	
4	:00 :15 :30 :45	
5	:00 :15 :30 :45	
6	:00 :15 :30 :45	
7	:00 :15 :30 :45	
8	:00 :15 :30 :45	

	SATURDAY	SUNDAY
8		
9		
10		
11		
12		
1		
2		
3		
4		
5		

TASKS

NOTES

MISC

Made in the USA
Las Vegas, NV
04 November 2024